RAPPORTS

SUR

UNE MISSION A MADAGASCAR,

PAR M. ALFRED GRANDIDIER.

PREMIER RAPPORT[1].

Antananarivou, le 1er octobre 1869.

Monsieur le Ministre,

Chargé d'une mission scientifique par votre arrêté en date du 9 octobre 1867 à l'effet de continuer à Madagascar les recherches de géographie, d'ethnologie et d'histoire naturelle que j'y avais entreprises en 1865 et 1866 sous les auspices de votre ministère et dont les résultats ont été consignés dans un rapport précédent, j'ai quitté la France le 9 novembre de la même année. Le vapeur des Messageries impériales *l'Émirne* m'a déposé à l'île de la Réunion au commencement du mois suivant. J'ai jugé prudent d'attendre la fin de l'hivernage avant de me rendre à la grande île africaine, et ce n'est qu'en mai 1868 que j'ai mis sous voile pour la côte ouest de Madagascar, à bord du trois-mâts barque *l'Infatigable*.

Ce navire devait toucher à Yaviboule, port que fréquentent de temps en temps des caboteurs de la Réunion. Craignant de dépaler à cause des courants violents qui portent au sud dans ces parages, nous vînmes atterrir à la bouche de la petite rivière de Farafangane; j'ai pu, grâce à cette circonstance, constater par des observations méridiennes prises au sextant que les embouchures de toutes les rivières situées entre Farafangane et le fort

[1] Pour les rapports adressés au Ministre par M. Grandidier sur son premier voyage à Madagascar, voir le tome IV des Archives des Missions scientifiques, page 567.

Dauphin étaient mal placées sur les cartes; j'ai rectifié ces erreurs et recueilli avec soin les noms malgaches des diverses localités que j'ai visitées.

Les capitaines des navires envoyés à Madagascar ignorent souvent la position géographique du lieu de leur destination; les noms de la plupart des ports secondaires sont en effet ou faux ou mal placés sur les cartes, et les marins qui sont depuis longtemps habitués à cette navigation, se gardent bien, dans un but d'égoïsme blâmable, de communiquer à leurs collègues les résultats de leur expérience; aussi y a-t-il souvent grande perte de temps pour trouver le port où doit s'opérer le chargement. J'ai jugé utile pour la science, comme pour le commerce, de releverces erreurs. Le capitaine de *l'Infatigable,* vieux praticien de la côte sud-ouest, n'avait jamais été sur la côte est, et nous avons eu quelques difficultés à trouver le point où nous devions relâcher.

Voici le résultat de mes observations :

L'embouchure de la rivière	d'Andranambé	est par	22° 30′ lat. S
————	de Farafangane		22° 53′
————	de Ménanare		23° 12′
————	de Massianake		23° 23′
————	de Mananboundre		23° 35′
————	de Sandravinany		24° 2′
————	de Yaviboule		24° 15′
————	de Mananténa		24° 30′

D'Yaviboule, nous avons fait route directement pour Tulléar, ville que j'avais choisie pour être, pendant quelques mois, le centre de mes opérations. J'y suis arrivé le 20 juin 1868. Mon premier soin fut d'aller visiter le roi de Fihérénane Lahimerisa, que j'avais connu dans mes voyages précédents et avec qui je contractai le *fatidra* ou serment du sang; je savais que le peuple sakalave m'avait donné, en 1866, la réputation de sorcier dangereux, et je voulais mettre le roi du pays dans mes intérêts à force de cadeaux. Bien m'en prit, car j'eus, pendant mon séjour à Fihérénane, de nombreux kabars ou procès publics, sous la prévention de sorcellerie, et ce ne fut que grâce à la protection royale que je pus en sortir sain et sauf.

Je dois dire à votre Excellence, Monsieur le Ministre, qu'aucune accusation n'est plus dangereuse dans ces contrées sauvages que celle de sorcellerie; si le prétendu crime est prouvé, une mort immédiate est la punition du coupable. Il n'y a pas de peuple au monde plus stupidement superstitieux que les Malgaches. Pour les Sakalaves comme pour les autres tribus, aucun fait n'arrive naturellement; bonheur et malheur, tout est dû aux sorts et aux talismans. Que de tracas et d'ennuis incessants j'ai endurés sur toute la côte ouest, à cause des craintes absurdes que les habitants éprouvent contre les sorciers! or est sorcier tout individu qui se distingue d'autrui par ses actions et par ses paroles.

Je me suis étendu sur ce sujet parce qu'il serait impossible autrement de comprendre les difficultés que j'ai éprouvées, en certains cas, à poursuivre mes études et les obstacles insurmontables qui, en d'autres circonstances, m'ont empêché d'arriver au but que je poursuivais avec persévérance. Si l'intérêt n'était le motif le plus puissant des actions des Malgaches, j'eusse été certainement réduit à l'impuissance la plus complète.

En revenant du village situé sur le bord du Manoumbe où réside le roi, le hasard fit tomber, pendant la veillée, la conversation sur un animal nommé *soungahoumbé*, animal dont on parle dans tout Madagascar, mais que personne n'a vu, et dont je mettais l'existence en doute. « Il y a encore là des ossements témoins irrécusables de l'existence de cet animal, » me dit l'oncle de Lahimerisa, en me montrant une plaine non loin de notre campement. Je m'empressai de me rendre sur les lieux le lendemain matin, et je fis, au grand scandale du peuple sakalave, des fouilles qui amenèrent la découverte d'ossements subfossiles d'un grand intérêt.

Voici les pièces principales des collections que j'ai pu former à Amboulintsatre :

1° Un fémur, un tibia, un péroné, deux vertèbres d'*Æpiornis maximus* et deux fémurs d'espèces d'*Æpiornis* plus petites (*Æp. medius et Æp. modestus*). J'ai aussi recueilli dans cet endroit, ainsi que sur divers points de la côte entre le cap Sainte-Marie et Etséré, des fragments d'œufs, parmi lesquels j'ai distingué plusieurs espèces très-distinctes par la conformation des trous d'air ainsi que par l'épaisseur de la coquille; j'en ai même un en ma possession qui n'est pas plus épais que celui d'un œuf d'autruche;

2° Les débris d'environ cinquante hippopotames d'une espèce nouvelle (*Hippopotamus Lemerlei*, nob.) qui prouvent qu'à une époque rapprochée, il existait à Madagascar, contrairement à ce qu'on avait cru jusqu'à ce jour, des pachydermes voisins de ceux de l'Afrique;

3° Le plastron, le bassin et l'omoplate d'une tortue terrestre d'espèce nouvelle (*Testudo abrupta*, nob.).

4° Divers débris d'un crocodile d'espèce nouvelle. (*C. robustus*)

A Etséré, j'ai aussi découvert, enterrés dans le sable, les restes d'une émyde colossale que j'ai inscrite dans nos catalogues zoologiques sous le nom d'*Emys gigantea.*

De retour à Tulléar, je me suis occupé de lever le plan de la baie de Saint-Augustin; j'avais à mesurer une base qui pût me servir de point de départ pour les relèvements trigonométriques que je me proposais de faire en traversant Madagascar de l'ouest à l'est, et aucun lieu ne pouvait mieux me convenir pour cette mesure. Ce travail terminé, j'entrepris l'hydrographie de la rivière Saint-Augustin jusqu'à une distance de 30 lieues environ de son embouchure; je me suis servi de la méthode des signaux naturels si habilement mise en pratique par M. Antoine d'Abbadie.

Malheureusement j'ai été arrêté dans mon voyage par la guerre qui éclata, en septembre 1868, entre les Antanosses et les Bares. Les Antanosses émigrés étaient le seul peuple chez qui je pouvais trouver des porteurs et sur lequel je pusse compter pour m'accompagner jusqu'à la côte est. Les Bares, les Mahafales et les Antandrouis sont des tribus adonnées au vol, au pillage, au meurtre, et me mettre entre leurs mains avec mes marchandises de troc et mes instruments de géodésie, c'eût été signer mon arrêt de mort. J'en puis parler par expérience, ayant été pillé par les Mahafales et ne m'étant pas retiré de leurs mains sans peine ni sans danger.

Je restai quelques semaines chez les Antanosses : j'espérais voir le pays se pacifier; mais rien ne changea dans l'état des choses, et la fièvre m'ayant beaucoup affaibli, il fallut me résigner à regagner au plus vite la ville de Tulléar, où je pouvais trouver quelques secours à bord des navires de commerce. Ainsi se termina malheureusement, par suite des circonstances fâcheuses que je viens d'exposer, ce premier voyage pendant lequel j'ai pu toutefois faire le relevé du cours d'une des principales rivières de Madagascar.

Ce n'est qu'après une assez longue convalescence qu'il m'a été possible de reprendre mes travaux géodésiques. Je suis allé d'abord reconnaître l'existence du grand lac salé de Mananpetsoutse qui est situé à 3 lieues de la côte Mahafale; ce lac, dont la pointe nord est par 24° de latitude environ, s'étend jusqu'à 30 milles dans le sud. J'ai ensuite essayé de faire l'hydrographie de la rivière de Fihérénane; à mon grand regret et malgré les ordres formels du roi, les chefs du pays ont arrêté mes travaux à 20 milles environ de la côte.

Pendant mon séjour dans les états de Fihérénane, j'ai fait de nombreuses collections parmi lesquelles je citerai trois mammifères d'espèce nouvelle :

1° Le *Chirogalus samati;* 2° le *Chirogalus gliroïdes;* 3° l'*Echinops Mivarti;*

Et onze reptiles de l'ordre des sauriens également nouveaux :

1° Le *Platydactilus mutabilis;* 2° l'*Oplurus montanus;* 3° l'*Oplurus saxicola;* 4° l'*Oplurus fiherenensis;* 5° le *Gerrhosaurus Kerstenii;* 6° le *Gerrhosaurus laticaudatus;* 7° le *Gongylus Pollenii;* 8° l'*Euprepes bilineatus;* 9° le *Scelotes fiherenensis;* 10° l'*Acontias rubrocaudatus;* 11° le *Tracheloptychus Petersii.*

Je n'avais plus rien à faire sur ces côtes inhospitalières, et je les ai quittées, au mois de février 1869, pour me rendre au Ménabé. Tout le long du voyage j'ai pris de nombreuses latitudes de manière à rectifier la position des villages et des points les plus importants, et j'ai noté avec soin les noms des baies et des criques.

Pendand la saison pluvieuse, il m'a fallu hiverner à l'embouchure du Mouroundava dont j'ai tracé le cours jusqu'à Mahabou, fort Ova très-important.

Au Ménabé, j'ai recueilli les mammifèresnouveaux suivants :

1° Le *Nyctinomus leucogaster;* 2° l'*Hypogeomys antimena;* 3° le *Galidictis vittata rufa,* var. nouv.

En outre de ces espèces nouvelles, j'ai collectionné une grande quantité d'animaux en peau, en squelette et dans l'alcool, animaux que je savais être intéressants pour le muséum d'histoire naturelle, ou utiles pour les études anatomiques.

A la fin des pluies, j'ai recommencé mes travaux géographiques, et j'ai fait l'hydrographie du Tsidsoubon et du Mananboule, deux des plus grandes rivières de la côte ouest, jusqu'à une quinzaine de lieues dans l'intérieur; il m'a été impossible, malgré les cadeaux que j'ai libéralement distribués au roi et aux chefs, de pousser plus avant. Je n'ai donc pas malheureusement visité le grand lac d'Andranoumène qui est situé sur la rive droite du Tsidsoubon à une distance de 20 lieues de la côte. Le Tsidsoubon qui est navigable pour les pirogues jusqu'à 30 lieues environ dans l'intérieur, sera plus tard d'une grande importance pour le commerce.

En m'avançant vers le nord, j'ai éprouvé de grandes difficultés, et il m'a été complétement impossible de pénétrer dans l'intérieur du Mahilak, du Marah et du Milanza, trois petits états indépenpants compris entre le cap Saint-André et 18° 20' de latitude sud. Ma réputation de sorcier dangereux m'avait précédé dans ces pays, et je m'y trouvai en butte aux hostilités des négriers arabes qui font la traite sur cette côte et nourrissent une haine profonde contre les Européens, aussi bien qu'à celles des Sakalaves du nord qui obéissent à leur influence. Force me fut de me rendre directement à Madsanga, dans la baie de Bombétok, pour monter à Tananarive. Je n'en ai pas moins étudié la côte, et j'ai pu recueillir un certain nombre de renseignements intéressants sur ces contrées inconnues.

La route qui conduit de Madsanga à Tananarive passe par les pays les plus désolés, les plus stériles et les plus déserts qu'on puisse imaginer. On marche d'abord pendant cinq à six jours à travers des plaines de terrain secondaire qui sont arides et couvertes d'arbustes rachitiques, mais qui néanmoins présentent, çà et là, quelques petits bois; dès qu'on atteint la chaîne granitique qui s'étend obliquement du sud d'Imérine jusqu'à Anourountsangane, on ne trouve plus pendant dix à douze jours qu'une mer de montagnes, sans un arbre et sans une plante, sauf une herbe grossière. Ce pays n'est pas et ne peut pas être peuplé; les Ovas ont cependant quelques postes échelonnés sur la route pour la facilité des communications avec Madsanga.

La rivière du Betsibouka qui tombe dans la baie de Bombétok et que j'ai suivie pendant une partie de la route, ne peut pas se remonter au delà d'Amparibé à cause des rapides qui y existent en grand nombre. Un affluent du Betsibouka, l'Ikioupa, est navigable quelques lieues plus au sud jusqu'à Maévatanane, mais il faut encore de huit à neuf jours de marche pour se rendre de cette ville à Tananarive. Des diverses routes qui rayonnent de la capitale Ova vers l'est et l'ouest, celle qui est la plus courte est certes celle d'Andouvourante, et on la rendrait par quelques travaux d'art plus facilement praticable que n'importe quelle autre; elle est du reste la seule où l'on trouve à chaque pas des villages et par conséquent des vivres. Tracer une bonne route du côté de l'ouest serait un travail gigantesque, et encore ne faudrait-il pas choisir celle de Madsanga, mais celle du Mananboule qui passe par le fort Ova d'Ankavandre.

J'ai fait avec soin, minute par minute, le tracé de la route de Madsanga à Tananarive; mon itinéraire donnera des notions nouvelles sur cette partie de l'île de Madagascar.

Toute la région sud et ouest de Madagascar, comprise entre les montagnes granitiques qui longent la côte est, le pays des Betsiléos et la grande chaîne plutonique qui existe à 100 milles environ de la côte occidentale, appartient au terrain jurassique. Dans toute cette vaste étendue, le sol n'est cultivable et le pays par conséquent n'est habité que le long des cours d'eau assez rares qui l'arrosent. La limite nord des terrains secondaires me paraît être la côte sud de la baie de Narinda. Le reste de l'île, sauf la région située en face de Nousibé, et peut-être le pays des Betsiléos où il y a des montagnes micaschisteuses, est granitique; toute la partie ouest de cet immense massif est à peu près stérile, la partie orientale offre au contraire des vallées fertiles et une ligne non interrompue du nord au sud de forêts assez belles, mais étroites, qui se relient à celles de la côte ouest.

Voici le résumé succinct des travaux que j'ai pu faire en ce qui concerne la physique du globe :

J'ai, jusqu'à ce jour, fixé la latitude de quatre-vingt-un villages par des observations circumméridiennes au théodolite : j'ai toujours retourné l'instrument à chaque observation; je compte soixante, quatre-vingts et même cent observations pour les villes les plus importantes. J'ai obtenu les longitudes de quatre localités par des occultations d'étoiles par la lune, de dix par des angles horaires de lune, de cinq par des distances lunaires. Pour l'hydrographie des rivières de Saint-Augustin et de Fihérénane, j'ai fait au théodolite soixante-treize tours d'horizon, comprenant un total de mille relèvements.

En outre de ces travaux géodésiques, j'ai tenu, aussi régulièrement que le permettent les hasards des voyages, un registre où sont consignées trois fois par jour, à neuf heures du matin, à midi et à quatre heures du soir, les observations du baromètre, du thermomètre et du psychromètre, avec indication du vent, des nuages et des températures maximum et minimum.

Pour l'étude du magnétisme à Madagascar, j'ai déterminé jusqu'à ce jour, en douze endroits différents, la déclinaison, l'inclinaison et l'intensité absolue de l'aiguille aimantée. Malheureusement les instruments dont je disposais étaient loin d'être parfaits.

Pour ce qui regarde l'histoire naturelle, j'ai réuni des collections de mammifères, d'oiseaux, de reptiles, de poissons et d'insectes des divers ordres, de plantes et de bois. Je me suis aussi occupé de prendre des mensurations sur des individus de tribus diverses, autant que les superstitions me l'ont permis, et j'ai rapporté une série de types, obtenus au moyen d'un appareil photographique, pour l'étude de l'anthropologie à Madagascar; je n'ai pas non plus négligé d'étudier dans tous leurs détails les mœurs, les langues, la religion et les traditions orales des diverses peuplades parmi lesquelles j'ai vécu.

Voilà, Monsieur le Ministre, le résumé de mes derniers travaux. Toutes mes collections, au fur et à mesure, sont expédiées en France au muséum d'histoire naturelle de Paris.

Je conserve par devers moi les divers registres où sont consignées mes observations astronomiques, magnétiques et météorologiques pour en faire plus tard le calcul et dresser une carte plus exacte que celles de fantaisie qui ont paru jusqu'à ce jour.

Je pars dans quelques jours pour aller déterminer la position géographique du grand lac d'Antsianake; à mon retour, je me rendrai à la côte ouest par la route de Mouroundava pour mieux fixer la direction générale des principales chaînes de montagnes qui traversent Madagascar du sud au nord. Je me propose ensuite de terminer mes recherches dans la grande île africaine, en la traversant de l'ouest à l'est à travers le pays des Betsiléos.

J'ai l'honneur d'être, Monsieur le Ministre, de Votre Excellence, le très humble et très-dévoué serviteur.

Alfred Grandidier.

SECOND RAPPORT.

Paris, le 15 juillet 1871.

Monsieur le Ministre,

Les explorations que j'ai entreprises dans l'île de Madagascar sous les auspices du ministère de l'instruction publique, sont terminées.

J'ai fait trois voyages successifs dans cette île, l'un en 1865 sur la côte nord-est, l'autre en 1866 sur les côtes sud et sud-ouest, le troisième de 1868 à 1870; pendant ces dernières années, j'ai réussi à traverser trois fois l'île de l'ouest à l'est, et j'ai complété mes observations d'hydrographie sur les côtes ouest, nord-ouest et sud-est. J'ai déjà envoyé plusieurs rapports sur les travaux de géographie et d'histoire naturelle que j'ai faits à Madagascar; je résumerai aujourd'hui les résultats de mes études qui jettent un jour nouveau sur cette île inconnue.

Des obstacles insurmontables avaient, jusqu'à ces dernières années, empêché toute exploration sérieuse et méthodique à Madagascar. Les relations qu'ont publiées divers auteurs ne méritent pas la confiance qu'on leur a accordée jusqu'à ce jour; elles sont le plus souvent inexactes.

L'histoire de Madagascar, par Flacourt, est la seule qui porte le cachet de la vérité; ce que le Gouverneur du Fort-Dauphin écrivait en 1645 sur la peuplade des Antanosses est vrai encore de nos jours.

L'*History of Madagascar* d'Ellis n'est que l'histoire du peuple ova; le premier volume où sont décrits les mœurs et les usages de cette tribu est véridique, mais, dans la partie historique, il règne une partialité évidente en faveur du roi Radama I, auquel l'écrivain, dans l'intérêt de la mission protestante, a voulu concilier, souvent au détriment de la vérité, les sympathies des Anglais. On pourrait s'attendre à voir citer à la suite des deux ouvrages précédents, les *Visites à Madagascar*, par M. Leguevel de Lacombe. Cet auteur raconte qu'il a traversé à diverses reprises l'île du nord au sud, de l'est à l'ouest et il donne les détails les plus précis sur ses voyages; il a menti audacieusement, et c'est de son imagination que sont tirés les récits auxquels les géographes ont attaché tant d'importance que les cartes de Madagascar sont faites, jusqu'à ce jour encore, sur les données topographiques puisées dans cet ouvrage. M. Leguevel de Lacombe n'a jamais quitté le petit district de Tamatave.

Parlerai-je maintenant des nombreuses relations qui nous font voyager avec leurs auteurs de Tamatave à la capitale? Certes, ces notices donnent avec détail les noms des villages où l'on déjeune et de ceux où l'on couche, mais quant aux distances entre les diverses étapes, quant à la description physique du pays, quant aux mœurs des habitants, j'aurais de nombreuses restrictions à faire. Qu'il me suffise pour le moment de faire remarquer que tous les voyageurs ont placé Tananarive au centre même de l'île, à 120 milles de la côte; cette ville n'est pourtant pas éloignée d'Andouvourante de plus de trente-cinq lieues environ. Il m'est impossible de donner à présent les positions absolues des points principaux de Madagascar, ni de tracer d'une manière définitive les routes que j'ai suivies à travers le pays; il me faut plusieurs mois pour faire le calcul de mes nombreuses observations [1], et ce ne sera qu'à la fin de mon travail que je pourrai soumettre à Votre Excellence une carte exacte des parties de l'île que j'ai visitées. Je me contenterai ici de dessiner à grands traits la physionomie de cette île qui a donné lieu à tant d'erreurs et de contradictions, en y joignant une esquisse de mes itinéraires, faite à la hâte, d'après les renseignements de mon journal de route.

Reprenons, cette esquisse à la main, les divers voyages que j'ai faits à Madagascar, avant d'exposer les conclusions auxquelles m'ont mené mes études. Votre Excellence jugera ainsi de la confiance qu'elle pourra accorder au tableau général que je vais tracer d'un pays qui est resté inconnu jusqu'à ce jour.

En 1866, après avoir visité l'île Sainte-Marie, j'ai voyagé et collectionné pendant six mois sur la partie de côte comprise entre la pointe à Larrée et la baie d'Antongil.

En 1867, j'ai atterri au cap Sainte-Marie, la pointe extrême sud

[1] J'ai fixé la latitude de 188 points par des séries de hauteurs circumméridiennes, la longitude de 29 villes, les plus importantes par des occultations d'étoiles par la lune, les autres par des angles horaires de lune ou par des distances lunaires. J'ai observé en outre de nombreux angles horaires de soleil pour avoir l'heure précise du lieu. J'ai, dans mes diverses opérations trigonométriques, pris plus de 1,500 relèvements au théodolite, et j'ai relevé à la boussole mes diverses routes, qui ont un développement de 5,500 kilomètres.

de l'île, et j'ai exploré toute la côte sud-ouest jusque par les 20° de latitude, faisant de fréquentes incursions dans l'intérieur.

En 1868, l'importance de mes travaux précédents me détermina à retourner à Madagascar. J'ai alors étudié la côte sud-est du vingt-quatrième au vingt-cinquième degré, puis, j'ai réexploré la côte ouest entre 24° et 13° de latitude, et j'ai fait l'hydrographie de la rivière Saint-Augustin jusqu'à trente lieues de la côte, celle du Fihérénane jusqu'à huit lieues, et celle du Tsidsoubon et du Mananboule jusqu'à une distance à peu près égale. J'ai ensuite traversé trois fois l'île dans toute sa largeur, une fois de Madzanga à Tamatave en passant par Tananarive, une autre fois de Mouroundava à Mahanourou en repassant par la capitale Ova, et enfin de Matsérouké à Manandzarine. J'ai aussi suivi la plaine d'Ankaye pour aller explorer le lac d'Antsianake dont j'ai pu faire le plan et je suis revenu à la capitale par une autre route. J'ai terminé mon voyage en parcourant les parties de la côte est comprises entre 20° et 22° 1/2 et entre 19° et 17° de latitude. Telles sont les explorations que j'ai faites à Madagascar et dont je viens en quelques mots consigner ici le résultat général.

DESCRIPTION GÉOGRAPHIQUE, PHYSIQUE ET OROGRAPHIQUE.

Madagascar comprend deux parties distinctes, la partie orientale qui est toute montagneuse, la partie occidentale qui est relativement plate. J'ai reconnu l'existence de cinq chaînes de montagnes, qui ont toutes plus ou moins la même direction et coupent l'île soit du nord au sud, soit du nord-nord-est au sud-sud-ouest. La première chaîne qu'on rencontre, en allant de l'ouest à l'est, est comprise entre 21° et 25° de latitude. La seconde chaîne, celle du Bemaraha, s'étend du seizième au vingt-cinquième degré; d'abord étroite, elle forme entre elle et la précédente un vaste plateau à partir du vingt-unième degré vers le sud. La troisième commence vers le vingt-unième degré et va jusqu'au vingt-quatrième environ. Enfin la quatrième, le Boungou Lava va de 22° 1/2 à 14°. Ces diverses chaînes sont toutes séparées les unes des autres par des plaines sablonneuses et arides.

Dès qu'on a gravi la quatrième chaîne, on entre dans une région montagneuse tourmentée, dont le niveau général peu élevé ne mesure que 1000 à 1200 mètres; il n'y existe d'autre terrain plat que quelques petites vallées qu'utilisent les indigènes pour la culture du riz. Depuis le quarante-troisième degré et demi de longitude jusqu'à l'océan Indien, on ne trouve qu'une vaste mer de montagnes. En étudiant cette zone si tourmentée, on y distingue au moins deux chaînes bien distinctes qui ne semblent pas contemporaines.

Les trois premières chaînes, ainsi que les plaines adjacentes, se rattachent à la formation secondaire. Le Boungou lava et toute la masse de montagnes à l'est sont dus à un soulèvement granitique. On y remarque çà et là des massifs micaschisteux.

Le plateau d'Ankaye, la vallée d'Antsianake, etc. séparent nettement le Boungou lava de la seconde chaîne granitique qui va du Fort Dauphin au quatorzième degré de latitude nord; c'est celle-ci dont on aperçoit les cîmes au loin dans les terres, en venant du large, entre Tamatave et Anousi; le Boungou lava finit dans le sud vers les 23° environ de latitude, et au delà on ne trouve que des plaines secondaires peu accidentées.

On voit donc qu'on est loin de cette arête centrale de montagnes qui aurait divisé l'île en deux parties à peu près égales et qu'on avait établie sur de simples hypothèses.

La montagne la plus élevée de Madagascar est celle d'Ankaratre, qui ne dépasse pas une altitude de 2,000 mètres environ. Elle se trouve à 30 milles dans le sud-sud-ouest de Tananarive.

Il y a à Madagascar deux versants principaux : le versant de l'est, qui est peu étendu, n'a guère plus de 20 lieues de largeur, de la mer vers l'intérieur, et celui de l'ouest qui au contraire donne naissance à des rivières importantes par la longueur de leurs cours et par leur volume d'eau.

Ce sont les sommets les plus orientaux du grand massif granitique central qui forment la limite de ces versants.

Sur la côte orientale, la rivière la plus remarquable est le Mangourou, qui, prenant sa source par 18° dans le sud des montagnes qui séparent le plateau d'Ankaye de la vallée d'Antsianake, coule parallélement à la mer entre les deux chaînes granitiques jusque par 20°, et là s'ouvrant un chemin tortueux à travers les montagnes, va se jeter dans la mer à Amboudiharine, à 9 milles au sud du port de Mahanourou. Malheureusement son cours est coupé de rapides et d'îlots de roches, et on ne peut le remonter à plus de quelques milles de son embouchure. Aucune rivière du reste de cette côte est n'est navigable, même pour les petites pirogues, au delà de 10 à 12 milles ouest de la côte.

Ces rivières sont remarquables par la foule de petits chenaux, larges tantôt de 100 à 200 mètres, tantôt de 2 à 3 mètres seulement et formant quelquefois des lagunes de 2 à 3 kilomètres, qui réunissent plusieurs d'entre elles. De Foulepointe à Matétanane, on peut presque faire le trajet en pirogue; il n'y a que, çà et là, des isthmes variables de 1 à 10 kilomètres, qu'il serait facile de réunir par des canaux creusés de main d'homme dans les marais qui se trouvent presque partout auprès de ces isthmes. Ces canaux sont dus à ce que la mer, amoncelant continuellement du sable sur la plage, ferme les embouchures toutes les fois que le courant des rivières est peu rapide. Cette barrière force alors les eaux à se répandre à droite et à gauche, et comme le terrain immédiatement contigu à la plage est bas, il se forme des canaux plus ou moins larges qui réunissent plusieurs rivières ensemble. Beaucoup de ces rivières ont, outre ces barres mobiles de sable, des roches qui empêchent les pirogues d'y entrer.

Sur la côte ouest, plusieurs rivières sont navigables à 10 et 15 lieues de la côte, surtout à l'époque des pluies; nous citerons parmi les plus importantes celle du Tsidsoubon, au Ménabé, qu'on peut remonter en pirogue presque jusqu'au pied du Boungou-lava, celle de Betsibouka qui se jette dans la mer à Madzanga et que des boutres remontent lors des crues d'eau jusqu'à Maévatanane: en prenant son affluent, l'Ikioupa, on peut arriver même jusque près d'Andriba. Enfin le Mangoukou ou Saint-Vincent se remonte aussi à une grande journée de la mer. Les rivières de l'ouest, près de la mer, courant dans un terrain plat, font peu de détours, et il n'y a pas de perte de chemin comme dans les rivières sinueuses de l'est.

Tandis que la côte orientale est coupée à chaque pas par des cours d'eau qui, à leur bouche, sinon à quelques milles plus ouest, paraissent importants par leur largeur, et que la côte nord-ouest est aussi assez riche sous ce rapport, il n'en est pas de même sur les côtes sud et ouest. En partant de Fort-Dauphin vers l'ouest, on ne trouve que les rivières suivantes :

1° Le Mandréré;

2° Le Manambouvou;

3° Le Manoumbahy;

4° Le Menarandrane;

5° L'Ilinta qui se jette dans la baie de Masikoura et est très souvent à sec;

6° Le Saint-Augustin (de l'Ilinta au Saint-Augustin, il n'existe aucun ruisseau sur une étendue de côte de plus de 50 lieues);

7° Le Fihérénane;

8° Le Manoumbe;

9° Le Kitoumbou et le Mangoukou (entre Manoumbe et Kitoumbou, il n'y a aucun ruisseau sur une étendue de 40 lieues);

10° Le Maitampak et deux autres petits ruisseaux à petite distance;

11° Le Mouroundava;

12° L'Andranoumène;

13° Le Tsidsoubon et le Mananboule, deux branches d'une même rivière, le Mania.

Au nord de cette dernière rivière, les cours d'eau deviennent plus nombreux, et je n'en donnerai pas ici le détail, ce qui allongerait trop ce rapport.

J'ai rectifié la position géographique de la majeure partie des embouchures des rivières de Madagascar, qui étaient mal placées sur la plupart des cartes, et j'ai fixé leurs noms.

Madagascar est peu riche en lacs; on peut citer celui d'Antsianake, qui est situé à 75 milles environ de la côte est, celui de Tasy, à 20 lieues ouest de Tananarive, les lagunes de Nousivé, de Rasouabé, de Rasouamasay, de Rangazavake à Mahéla, de Namouroune et quelques autres moins grandes qui sont, comme il a été dit, des élargissements momentanés de chenaux parallèles à la côte, les lacs salés de Mananpetsoutse chez les Mahafales et d'Héoutry à Fihérénane, le premier situé à 5 milles, le deuxième à 12 milles de la côte ouest, enfin le lac de Ranoumène, situé sur la rive gauche du Tsidsoubon, au Ménabé. Il y en a encore quelques autres chez les Sakalaves, mais ils sont de moindre importance.

HISTOIRE NATURELLE.

L'île de Madagascar est formée de terrain micaschisteux qu'entoure vers l'ouest et le sud une vaste zone de formation secondaire. En certains points de la côte est, malgré les nombreux bouleversements successifs auxquels ce pays a été en proie, j'ai reconnu que le terrain crétacé apparaissait par tache au milieu des détritus micaschisteux.

Il semble probable qu'autour d'un puissant noyau micaschistéux s'est jadis développé une immense étendue de terrain secondaire, formant peut-être un vaste continent dont il ne reste plus que la ceinture occidentale qui peut avoir une largeur moyenne d'une quarantaine de lieues. Cette ceinture s'étend sans discontinuité du bord sud de la baie de Narrinda au versant ouest des montagnes granitiques auxquelles est adossé le Fort-Dauphin. Ce terrain, comme nous l'avons dit, est plat; trois chaînes de montagnes, de même formation, qui courent nord et sud, divisent ces plaines en trois bandes parallèles. Quant aux terrains micaschisteux, ils ont été bouleversés par les chaînes granitiques; on les retrouve, çà et là, comme *témoins*. Il est du reste difficile le plus souvent, à moins de recherches patientes, de se rendre compte quel était le terrain primitif.

J'ai constaté l'existence de belles mines de cuivre et de plomb dans les massifs micaschisteux situés à 20 lieues au sud-ouest de Tananarive; nul doute qu'il n'y en existe beaucoup d'autres qui deviendront un jour une source de richesses pour ces contrées. Mais les lois sévères qui sont édictées contre ceux qui recherchent les minerais, étant encore en vigueur, il est difficile de réunir des renseignements complets à cet égard. J'ai aussi connaissance de plusieurs mines de lignite; mais on n'a pas, jusqu'à présent, découvert d'autres gisements houillers exploitables que ceux de la baie d'Ambavatoubi et de ses environs immédiats. On a aussi constaté tout récemment la présence de poudre d'or dans le sable d'un des petits torrents qui se jettent dans l'Ikioupa du côté de Maévatanane; je ne pense pas que l'exploitation puisse en être fructueuse.

Il y a en outre, à Imérine, des mines de manganèse et des gisements de plombagine. Je n'ai pas à parler du minerai de fer oligiste qui se trouve à chaque pas dans la partie montagneuse. Le beau cristal de roche ne se trouve que dans les environs de Vouhimarine. Le marbre blanc est commun dans les massifs micaschisteux du centre de l'île.

Dans les audiences que m'ont accordées la reine de Madagascar et le premier Ministre, je me suis efforcé de leur faire comprendre toute l'utilité qu'aurait pour leur commerce intérieur et extérieur l'exploitation des mines de cuivre, de plomb et de houille; je me suis efforcé de leur prouver qu'il n'y avait point à craindre une invasion d'émigrants européens, tant qu'il ne s'agissait pas de placers, car l'histoire de la Californie a éveillé chez eux de justes susceptibilités, et j'ai obtenu de Raïnilaiarivouny la promesse qu'il s'occuperait sérieusement de cette question. J'ai l'espoir que dans un temps peu éloigné des ingénieurs européens seront appelés par le Gouvernement Ova pour étudier les mines et en diriger l'exploitation.

La flore de Madagascar est fort riche en formes nouvelles inconnues aux autres contrées. Les forêts n'y sont pas cependant nombreuses. L'île est enveloppée d'une ceinture continue de bois qui est large de cinq à dix lieues suivant les endroits, et qui est le plus généralement à une petite distance de la côte; mais l'intérieur n'est qu'un pays nu, aride, dont les montagnes, formées d'une terre argileuse rouge, impropre à toute culture, ne sont ombragées par aucun abri; à la source des ruisseaux seulement, apparaissent çà et là quelques petits bouquets isolés, vrais îlots de verdure perdus dans cet océan de montagnes. Qu'on aille du nord au sud, de l'est à l'ouest, ce n'est qu'auprès de la mer qu'apparaît la végétation; partout ailleurs il n'y a qu'un sol dur comme la pierre où pousse à peine un chétif et maigre gazon; pas d'arbustes, pas de fleurs. Les fonds marécageux des vallons toujours très-étroits qui séparent ces montagnes (les vallées de Tananarive, de Lalanghine et de Bétafou chez les Betsiléos, seules, ont une certaine étendue) sont convertis par le travail de l'homme en riches rizières; mais les versants et les sommets sont abandonnés à leur stérilité. Lorsque par hasard, aux portes de quelques villages, les indigènes viennent à planter, avec force engrais, des manïocs, des patates, du coton, seules plantes dont la rusticité peut jusqu'à un certain point s'accommoder de ce sol, on n'obtient que de tristes produits bien propres à décourager le travailleur. Il est certain que la moitié de l'île peut être considérée comme entièrement impropre à la culture, au moins dans l'état actuel de la population et avec les moyens de travail et d'amendement dont elle dispose. Le reste de l'île est moins ingrat; mais, si l'on excepte la partie nord-est qui s'étend de la Pointe à Larrée au nord de la baie d'Antongil, il faudrait encore que les colons fissent bien attention au choix des terrains où ils voudraient établir leurs plantations.

Je crois que la culture du café aurait chance de réussir dans le nord-est, sur les montagnes de la côte; mais la canne à sucre pousse trop vite dans ces régions inondées par des pluies continuelles, et la végétation y est trop luxuriante pour que le *vesou* soit assez épais et donne un rendement suffisant. Le coton pourrait être cultivé avec chance de succès en beaucoup d'endroits de la côte est et de la côte ouest, ainsi que le sésame et l'arachide. Malheureusement les Européens n'ont pas encore le droit de propriété à Madagascar, et en outre ils ne peuvent compter sur les travailleurs qu'ils engageraient à l'année, puisque la Reine et ses gouverneurs ont, d'après les traités, le pouvoir de requérir pour la corvée, quand c'est leur bon plaisir, ces travailleurs à gages et de briser violemment leur contrat; la moindre querelle avec le chef de la province suffirait pour ruiner une entreprise sérieusement établie.

Sur la côte ouest et dans le sud de l'île, où la sécheresse est continuelle, les cultures ne peuvent guère se faire que le long des rivières et des cours d'eau, et comme ceux-ci sont relativement rares, cette partie de l'île ne paraît pas appelée à un grand avenir.

La flore de Madagascar a deux physionomies distinctes; celle des côtes est et nord-est est la plus riche, et a déjà été étudiée avec soin par de nombreux savants. Celle des côtes sud-est, sud et ouest est moins variée; elle est aussi bien connue du reste et il n'y a plus beaucoup de découvertes à faire dans le règne végétal. La flore de l'intérieur est pour ainsi dire nulle, puisqu'on n'y voit que quelques herbes et quelques humbles plantes dont les fleurs dépassent à peine les prairies environnantes.

La faune de Madagascar abonde en espèces et en genres particuliers à cette île. Les formes curieuses qu'on y rencontre presqu'à chaque pas donnent à ce pays une physionomie plutôt polynésienne qu'africaine. Ainsi dans l'ordre des lémuriens on retrouve, comme dans celui des marsupiaux, une série parallèle aux mammifères des autres continents. Les félins s'y présentent sous une forme plantigrade qu'on n'a encore trouvée nulle part ailleurs; les insectivores ont aussi un aspect qui leur est propre. Les oiseaux ont du rapport avec ceux de l'Australie; dans ces deux pays en effet, comme le fait remarquer M. Hartlaub, on ne trouve pas un seul représentant de la famille des pics, si répandue en Afrique et en Asie; les perroquets noirs sont particuliers à ces deux contrées, débris de vastes continents de l'âge secondaire qui ont été en partie engloutis par des bouleversements subséquents.

Voici la liste des animaux nouveaux que j'ai découverts dans mes voyages et que j'ai décrits. Quant aux invertébrés, leur étude n'a pu encore être faite d'une manière assez complète pour que j'en donne ici l'énumération :

MAMMIFÈRES :

1° *Propithecus Verreauxii* (nob.).
2° *P. Edwardsii* (nob.).
3° *P. sericeus* (A. Milne Edwards).
4° *Lepilemur ruficaudatus* (nob.).
5° *Chirogalus gliroïdes* (nob.).
6° *C. Samati* (nob.).
7° *C. Crossleyi* (nob.).
8° *Nyctinomus leucogaster* (nob.).
9° *N. miarensis* (nob.).
10° *Vespertilio silvicola* (nob.).
11° *Felis cafra*, var. *madagascariensis* (nob.).
12° *Galidictis vittata*, var. *rufa* (nob.).
13° *Echinops mivartii* (nob.).
41° *Hypogeomys antimena* (nob.).
15° *Oryzorictes ova* (nob.).
16° *Geogale auritus* (A. Milne Edwards et Grandidier).
17° *Choiropotamus Edwardsii* (nob.).
18° *Hippopotamus Lemerleii* (nob.) (fossile).

OISEAUX :

1° *Ellisia Lantzii* (nob.).
2° *Prinia chloropetoïdes* (nob.).
3° *Bernieria Crossleyi* (nob.).
4° *Coua Coquerelii* (nob.).
5° *Coua Verreauxii* (nob.).
6° *Coua cristata* var. *pyrrhopyga* (nob.).
7° *Coua cursor* (nob.).
8° *Æpyornis medius* (Alph. Milne Edwards et Grandidier.) (fossile).
9° *Æ. modestus* (Alph. Milne Edwards et Grandidier.) (fossile).

REPTILES :

1° *Testudo desertorum* (nob.).
2° *T. Planicauda* (nob.).

3° *Testudo abrupta* (fossile) (nob.).
4° *Dumerilia madagascariensis* (nob.).
5° *Emys gigantea* (nob.) (fossile).
6° *Crocodilus madagascariensis* (nob.).
7° *C. Robustus* (Grand et Vaillant.) (fossile).
8° *Chamæleo Antimena* (nob.).
9° *C. Labordei* (nob.).
10° *C. Campanii* (nob.).
11° *Platy dactylus mutabilis* (nob.).
12° *Hemidactylus vorimo* (nob.).
13° *Phyllodactylus androyensis* (nob.).
14° *Geckolepis typicus* (nob.).
15° *Oplurus montanus* (nob.).
16° *O. saxicola* (nob.).
17° *O. Fiherenensis* (nob.).
18° *Gerrhosaurus 4-lineatus* (nob.).
19° *G. laticaudatus* (nob.).
20° *G. Kerstenii* (nob.).
21° *G. æreus* (nol.).
22° *Tracheloptychus Petersii* (nob.).
23° *Euprepes bilineatus* (nob.).
24° *E. aureo-punctatus* (nob.).
25° *Gongylus igneo-caudatus* (nob.).
26° *G. Pollenii* (nob.).
27° *G. splendidus* (nob.).
28° *G. Mouroundavæ* (nob.).
29° *Scelotes fiherenensis* (nob.).
30° *Pygomeles Braconnierii* (nob.).
31° *Acontias rubro-caudatus* (nob.).
32° *Psammophis mahafalensis* (nob.).
33° *Eucnemis antanosi* (nob.).
34° *E. betsileo* (nob.).
35° *Dendrobates madagascariensis* (nob.).
36° *D. betsileo* (nob.).
37° *Phrynoïdes insularis* (nob.).

POISSONS.

1° *Gobius Grandidierii* (Playfair).

2° *Xiphogadus madagascariensis* (Playfair).

J'ai, en outre, rapporté des spécimens d'animaux adultes qui avaient été imparfaitement décrits sur de jeunes sujets, tels que le *Cryptoprocta ferox*, l'*Eupleres Goudotii*, le *Propithecus Coquerelii*, le *Coua madagascariensis*, etc., etc., qui m'ont donné ou me donneront l'occasion d'en étudier l'anatomie. Tous ces animaux ont été collectionnés en peau, en squelette et dans l'alcool, de manière à ce que l'étude puisse en être faite aussi complétement que possible.

CLIMAT.

Le climat de Madagascar est variable suivant les localités. Tandis que la côte orientale est inondée de pluies continuelles durant les moussons du sud-est, l'intérieur de l'île et la côte ouest sont à cette époque dans une sécheresse complète. Lors des moussons du nord-est, les pluies tombent au contraire avec violence dans l'intérieur de l'île et sur la côte nord-ouest; la partie est jouit comparativement à l'autre saison d'un ciel pur, quoique la plupart des après-midi soient marquées par des orages accompagnés d'éclairs et de tonnerre.

La côte occidentale est sujette aux pluies à cette même époque, mais elles n'y sont jamais très-abondantes, et la côte sud est le plus souvent en proie à des sécheresses qui durent des années et rendent très-malheureux les Mahafales et les Antandrouïs, habitants de cette région. Les moussons, plus ou moins déviés, il est vrai, de leur direction réelle par la configuration des côtes, règnent d'une manière régulière dans ce pays, et les brises de sud et d'est y sont souvent très-violentes.

En résumé, le climat de cette île, sur la côte comme dans l'intérieur, n'est pas si malsain qu'on l'a souvent dit, si l'on excepte certaines des baies couvertes de palétuviers et de marécages qui se trouvent sur les côtes nord-est et nord-ouest. Je ne puis même qu'exprimer mon étonnement de ce qu'avec la vie de paresse et de débauche à laquelle se livrent beaucoup de traitants européens ou créoles, il n'y ait pas plus de malheurs à déplorer; les décès sont relativement rares, et souvent on attribue à des accès pernicieux des morts dont on devrait chercher la raison dans une toute autre cause. Le danger, toutefois, est plus grand pour les créoles au sang vicié et à la constitution débile, qu'une nourriture mauvaise a affaiblis depuis leur enfance, ou pour les jeunes soldats qui, arrachés à vingt ans à leur foyer, sont transportés d'un coup, sans noviciat, dans ces pays tropicaux auxquels ils ne sont pas habitués, que pour des vétérans qui n'auraient pas, je crois, à redouter beaucoup les atteintes de ce climat, si leur vie était régulière.

La maladie locale la plus grave est le téty ou koulaha, maladie qui présente tous les symptômes d'une affection syphilitique du deuxième degré avec condylômes parfaitement caractérisés, et qui est certainement indigène. Elle se communique non-seulement d'homme à femme, mais d'enfant à enfant par le simple contact dans les jeux. Elle est générale dans tout Madagascar; peu d'individus y échappent, et ils ont des moyens curatifs qui en triomphent à la longue; il s'opère toutefois une décoloration curieuse de la peau aux pieds et aux mains de la plupart de ceux qui en ont été atteints.

Une autre maladie très-commune à Imérine, où elle est cantonnée chez les Ovas, c'est la pierre, qui fait de nombreuses victimes. J'ai vu un enfant de huit ans à qui on avait enlevé par la taille un calcul gros comme un œuf de poule. Un enfant encore à la mamelle a dû être opéré pendant mon séjour à Tananarive; le calcul avait la dimension d'un œuf de pigeon.

Il y a un médecin anglais attaché à l'hôpital de la Mission indépendante; ce médecin par sa libre entrée chez les grands du pays et par les services qu'il rend à toutes les familles exerce une grande influence. Pourquoi n'attacherions-nous pas aussi à notre consulat et à la Mission catholique un médecin capable qui n'aurait pas de peine à se concilier, par son savoir et sa conduite, toutes les sympathies et ferait beucoup pour l'influence françaaise?

DIVISION POLITIQUE ACTUELLE.

L'île de Madagascar se divise aujourd'hui en deux parties distinctes qui sont à peu près d'égale grandeur, la partie dépendante des Ovas et la partie indépendante. Toute la région située à l'est du 44° degré de longitude et au nord du 22° degré de latitude appartient aujourd'hui aux Ovas qui sous Andrianampouinimérine, Radama Ier et Ranavalounc Ier se sont successivement rendus maîtres des diverses provinces comprises dans ces limites. Disons toutefois que les habitants de la portion de côte comprise entre Manafiafe et la rivière Ménanare (par 23° 22' de latitude sud environ) se sont révoltés contre leurs oppresseurs et ont secoué le joug; ils sont indépendants. Sont aussi indépendantes les peuplades sakalaves qui habitent les baies de Narinda et de Madsamba et la côte voisine.

Toute la partie ouest et sud de l'île n'a pu encore être soumise par les Ovas et est gouvernée par une foule de chefs, sauf le sud du Ménabé, qui est sous la protection de la reine Ranavalouue.

Avant le commencement de ce siècle, la division politique du pays était tout autre.

La population de Madagascar peut se diviser en 15 tribus qui sont, en suivant la côte du nord au sud et remontant ensuite au nord :

1° Les Antankares;

2° Les Betsimisarakes dont une partie porte le nom de Bétanimènes;

3° Les Antambahouakes, gouvernés par les zafi Raminia du nord;

4° Les Antéimoures;

5° Les Antéisakes et autres peuplades voisines peu importantes;

6° Les Antanosses, gouvernés par les zafi Raminia du sud;

7° Les Antandrouïs, comprenant les Tsihénembalales;

8° Les Mahafales;

9° Les Sakalaves, qui se divisaient et se divisent encore en : Antifihérénanes, Antimènes, Antimahilakes, Antimarahas, Antimilanzas, Antamboungos, Antibouénis.

Les peuples de l'intérieur sont :

10° Les Antankays du nord (tribu de Sakalaves);

11° Les Antantsianakes;

12° Les Ovas;

13° Les Bezanouzanes (nommés souvent aussi Antankayes du sud);

14° Les Betsiléos;

15° Les Bares.

Il ne faut pas croire que chacune de ces peuplades était jadis constituée en nation, obéissant à un souverain unique. Toutes avaient plusieurs chefs qui, quoique parents, étaient le plus souvent en guerre les uns avec les autres; c'était une féodalité sans suzerain.

A la côte orientale surtout, on peut dire que chaque village était un petit État à part; chaque famille avait son chef parfaitement indépendant de tous ses voisins. A la côte occidentale, les rois sakalaves réunissaient plus de sujets sous leurs ordres que les autres chefs.

Cette division à l'infini des tribus était du reste de peu d'importance, tant que les Ovas n'ont pas cherché à les conquérir; elles ne se faisaient la guerre que pour voler quelques bœufs, ou piller quelques petits hameaux : c'étaient de simples escarmouches d'une nuit, après lesquelles les attaquants, qui étaient invariablement les vainqueurs, retournaient chez eux avec leur butin. Quelque temps après, les vaincus à leur tour allaient les surprendre et se venger. On voit d'après cet état de choses, sans qu'il me soit besoin de m'étendre sur leur histoire, ce qui m'entraînerait trop loin, combien il a dû être facile à Radama Ier d'agrandir son petit royaume. Ce vaillant conquérant a fait dans Madagascar une promenade triomphale où chacun à l'envi venait se prosterner à ses pieds et faire acte de vasselage. S'il a souvent perdu beaucoup de monde dans ses expéditions, c'est à la famine, aux maladies qu'il faut l'attribuer, car aucune précaution n'était prise pour l'alimentation de ces armées de 50 à 60,000 hommes qui souvent parcouraient des pays dépeuplés, nus et incultes.

Les peuplades qui sont indépendantes sont les Sakalaves (sauf les Antimènes du sud et une partie des Antibouenis), les Mahafales, les Antandrouïs, les Bares et les Antanosses émigrés.

Mais si la moitié de l'île seulement appartient aux Ovas, c'est de beaucoup la plus belle, la plus riche et la plus cultivable. Disons aussi que les habitants de cette moitié forment environ les 7/8es de la population totale.

HABITANTS.

On ne peut avoir aucune idée exacte du chiffre de la population totale de Madagascar. Cependant je ne crois pas qu'on puisse l'évaluer au delà de 4 millions; le canton d'Imérine contient près d'un million d'Ovas, et dans le pays de leurs voisins et alliés, les Betsiléos, il peut y avoir 600,000 habitants. Près de 2 millions habitent l'est de l'île: quant aux Sakalaves, aux Mahafales, aux Antandrouïs et aux Bares, ils n'atteignent pas 500,000 âmes. Tandis que la population des peuplades de la côte va diminuant de jour en jour, celle des Ovas s'accroît au contraire dans une proportion remarquable. Il ne serait pas étonnant qu'elle doublât en moins d'un demi-siècle, aujourd'hui que la paix est rétablie; chez les Betsiléos et les Antéïmoures seuls, les femmes peuvent rivaliser avec les femmes Ovas sous le rapport de la fécondité.

Toutes les tribus que nous avons énumérées n'ont pas, à absolument parler, les mêmes mœurs; il y a cependant de telles ressemblances entre elles qu'on peut esquisser à grands traits leurs principales lois sociales et religieuses qui s'appliqueront à tous les habitants de l'île.

Les Malgaches ont une religion, quoi qu'aient pu écrire de nombreux auteurs. Ils croient en un Dieu tout-puissant, créateur de toutes choses et maître des destinées des hommes; ce Dieu est adoré et invoqué dans toutes les actions de la vie.

Auprès de ce Dieu, viennent se ranger les âmes des ancêtres qui tantôt servent d'intermédiaires entre la divinité et les hommes, tantôt sont censées exercer par elles-mêmes une certaine influence sur le bonheur de leurs parents. Dans les actes les plus ordinaires de la vie, les Malgaches invoquent Dieu ou leurs ancêtres. Il n'est jamais question chez eux de la lutte du principe du bien contre le principe du mal. Leur religion vient probablement des Juifs, et ils y ont greffé le culte des mânes des ancêtres qui, d'après mes recherches, me semble avoir précédé l'introduction du culte plus pur de ce Dieu qu'on adore sans temples et sans représentation directe.

S'il s'agit d'actes importants, c'est à Dieu lui-même que le Malgache s'adresse, sans oublier toutefois de nommer ensuite ses razanes (ancêtres), et il offre alors en sacrifice un bœuf vivant sur lequel il fait sa prière; de ce bœuf, certains morceaux sont cuits pour être offerts aux ancêtres, leurs anges gardiens. Quand leur prière n'a trait qu'aux petits détails journaliers de la vie, ils invoquent directement leurs razanes et déposent pour eux une offrande de riz cuit ou de rhum.

Leur esprit superstitieux, avide de merveilles, les a disposés à accueillir favorablement les prédictions des devins qui font métier de dévoiler l'avenir; mais s'ils admettent comme véridique l'explication qu'on tire de la disposition fortuite des graines avec lesquelles ils tirent la bonne aventure, le sikidi, c'est qu'ils attribuent à la main de Dieu l'arrangement de ces graines. Ils ont aussi une grande confiance dans des talismans divers sur lesquels ils ont appelé la protection divine et auxquels ils attribuent certaine puissance particulière. Dieu se retrouve dans toutes leurs prières et dans toutes leurs pratiques journalières.

Le mariage est peut-être le seul acte de la vie privée qui ne soit pas le plus souvent accompagné de prières; en effet, une jeune fille a droit de disposer d'elle-même à son gré, jusqu'au jour où, de son propre consentement, un de ses amants, de même rang qu'elle, fait la demande officielle à la famille de sa maîtresse. Si le mariage est sortable, il suffit du pur et simple consentement du père devant témoins pour qu'il soit valable. La femme peut alors être mise à l'amende par son mari pour cause d'inconduite, et elle ne peut plus se remarier sans que le divorce n'ait été consenti par son époux, eût-elle quitté la maison conjugale depuis des années. Toutefois ce n'est encore qu'un concubinage suivant nos idées, et l'union ne devient plus indissoluble, plus resserrée qu'à la naissance d'un enfant; c'est alors seulement qu'on adresse des prières à Dieu et aux ancêtres, c'est alors seulement que les biens de la femme se confondent avec ceux du mari; jusque-là, l'épouse remet entre les mains du chef de sa famille tout ce qu'elle peut posséder ou gagner.

A la mort comme à la naissance, et comme à la circoncision, il y a des prières et des sacrifices de bœufs ou de taureaux.

Les Ovas, les Betsiléos et les Antantsianakes sont les seuls peuples de Madagascar qui n'aient point une frayeur exagérée des cimetières; ils disposent les tombes de leurs parents le long des chemins. Tous les autres Malgaches les cachent dans des endroits déserts où ils n'osent mettre les pieds que pour enterrer un membre de la famille. Tous, du reste, lorsqu'ils veulent adresser leurs prières aux mânes des ancêtres, ne font ni leurs offrandes ni leurs sacrifices aux tombeaux eux-mêmes, ils les font soit à des pierres isolées, élevées en des places quelconques au choix de chaque famille, soit, comme chez les Sakalaves, aux débris de vieilles maisons qu'habitaient leurs parents morts, vrais autels où ils déposent leur riz et versent du rhum.

Les peuples malgaches sont fréquemment atteints de maladies

convulsives qu'ils croient dues à la possession des individus par des esprits ou démons. Ils ont des incantations et un traitement spécial assez curieux par lequel ils pensent guérir le malade. Mais je n'étendrai pas le cadre de ces remarques sur les mœurs qui seront traitées longuement dans la partie ethnologique de mon ouvrage.

VILLES.

A Madagascar, on ne compte que cinq villes importantes : Tananarive (75,000 âmes), Fianarantsoua (10,000 âmes), Tamatave (7,500 âmes), Madsanga (6,000 âmes), et Foulepointe (4,000 âmes). Toutes les autres villes ne sont à proprement parler que des bourgs occupés par une seule et même famille; les villages les plus importants ne comptent pas un millier d'habitants, et la plupart n'atteignent certainement pas le nombre de 20 feux. C'est du reste un pays très-peu peuplé, si l'on excepte la vallée d'Imérine, celle d'Antsianake, et quelques parties du pays des Betsiléos. On marche souvent une journée entière sans rencontrer une malheureuse bourgade, et il est des endroits comme sur la route de Madsanga à Tananarive où l'on est quelquefois quatre jours sans trouver une seule maison, ou comme sur celle de Manza à Moudounghy où j'ai dû dormir sept nuits consécutives en plein désert.

J'ai eu de nombreuses rectifications à faire sur la position des ports des côtes est et ouest. Il est réellement incroyable que depuis le temps que ces parages sont fréquentés par des navires de guerre et des bâtiments de commerce, il y ait des points très-importants dont les positions sont affectées d'erreurs allant quelquefois jusqu'à 30 milles. Ces erreurs sont très-préjudiciables au commerce, soit que, la position étant marquée plus sud qu'elle n'est réellement, les navires se trouvent après vérification de l'erreur obligés de louvoyer pendant une ou deux semaines, pour gagner leur port de destination, tant à cause des vents contraires que des courants très-violents qui portent sud, soit que les capitaines trop confiants dans les travaux hydrographiques publiés, s'obstinent à vouloir atterrir au point fixé sur la carte, et risquent leur vie et celle de leurs matelots sur ces côtes inhospitalières, où les canots n'abordent jamais sans danger.

Les routes ne sont nullement entretenues; ce sont de simples sentiers tracés par les pieds des voyageurs, où il est le plus souvent impossible à deux personnes de marcher de front. Le pays pourrait toutefois être facilement sillonné de routes carrossables; car s'il est montagneux, on monte graduellement et l'altitude totale n'est nulle part très-grande; le sol argileux est dur, et en macadamisant avec les roches voisines, il serait aisé d'établir de belles et bonnes voies de communication. Toutefois, la meilleure, la plus facile et la plus courte des routes pour se rendre à Imérine, sera toujours celle d'Andouvourante à Tananarive. De la côte ouest, il serait facile de remonter pendant quelque lieues des rivières, telles que le Tsidsoubon ou le Betsibouka; mais, on n'y aurait aucun avantage, la route qui resterait à parcourir par terre étant encore beaucoup plus longue que celle suivie de nos jours et passant à travers des déserts où l'on ne peut se procurer de vivres.

GOUVERNEMENT.

Le Gouvernement Ova est un Gouvernement absolu qui réside tout entier entre les mains du premier ministre depuis que le trône est occupé par une reine. Néanmoins, malgré la toute-puissance dont il dispose, il lui faut consulter les deux ou trois personnages principaux du royaume dont il craint toujours les menées sourdes. La famille de Rainibarou qui a donné les premiers ministres de Ranavalanoune I, de Rasouhérimanjaka et de Ranavaloune II sort des rangs du peuple; mais elle est, depuis un demi-siècle, la plus riche et la plus influente de l'île : on a toujours eu soin d'écarter des hauts emplois du Gouvernement les nobles qui, par suite de leur parenté avec la reine, pourraient à un moment renverser le souverain établi et usurper le trône sans difficulté; mais ces premiers ministres ont toujours eu des ennemis dans les membres même les plus proches de leur famille, ce qui les oblige souvent par prudence à prendre les avis de leur entourage et à les suivre.

Les Ovas, très-défiants par instinct de race, le sont devenus plus encore depuis leurs rapports avec les Européens; il n'en pouvait être autrement. D'une part, en effet, ils voyaient les Anglais, dont ils connaissent parfaitement l'histoire coloniale, chercher à s'implanter dans leur pays par tous les moyens possibles; d'autre part, ils entendaient les Français revendiquer hautement à chaque instant leurs droits sur Madagascar. Aussi leur politique a-t-elle toujours été de temporiser et de ne céder que si on ne se laissait pas intimider par leurs accès de jactance. On a trop souvent manqué de données exactes sur le caractère de ce peuple qu'on a voulu juger sur ses dehors.

Dans la partie indépendante de Madagascar, il y a aussi une foule de petits rois qui exercent une autorité absolue sur leurs sujets; ils ne font du reste rien par eux-mêmes, et prennent dans toute affaire l'avis des principaux du pays. Ils sont, en effet, obligés de flatter les chefs dont ils ne peuvent contrôler les actes et qui sont d'autant plus redoutables pour leur seigneur et maître qu'ils passent facilement à l'ennemi avec famille, clients et esclaves; ces défections ont lieu journellement.

Les peuples indépendants n'ont pas d'armée régulière: tout homme libre ou esclave ne sort jamais qu'armé de son mousquet et de sa sagaye; quand il y a guerre, ils se réunissent en corps irrégulier et font leurs attaques de nuit; ils n'ont jamais pensé et ne pensent encore aujourd'hui qu'à enlever du butin et non à agrandir leur territoire par le sort des armes.

Les Ovas qui ont reçu des Européens quelques notions sur l'organisation des armées et sur la tactique militaire, sont très-supérieurs aux autres peuplades dont ils sont, pour cette raison, très-redoutés. Les Sakalaves de la côte ouest seuls ont pu résister à Radama Ier, parce que, se cachant pendant des mois dans les forêts, ils sont parvenus à dépister leurs ennemis.

L'armée des Ovas est de 45,000 hommes; mais, comme aucun soldat ni aucun officier n'est payé et que chacun d'eux est obligé pour vivre de cultiver ses champs ou de faire du commerce, il serait impossible de réunir, à un moment donné, l'armée toute entière. Elle serait du reste d'autant moins capable de résister à un corps d'expédition européen que, malgré la discipline sévère à laquelle elle est soumise et qui a été la cause de sa supériorité incontestée à Madagascar, la plupart des soldats, las de l'oppression tyrannique sous laquelle ils sont courbés, seraient heureux au moindre échec de déserter et de se joindre aux ennemis.

J'ai visité la plupart des forts Ovas; il n'en est aucun qui puisse résister une heure à quelques obusiers de montagne. Ils sont néanmoins très-suffisants pour protéger la garnison Ova, qui est toujours très-peu nombreuse, contre un coup de main des indigènes.

Puisque nous n'avons pas su profiter des diverses circonstances où la justice et l'honneur national exigeaient une intervention armée, il me semble juste, et même avantageux, d'accepter aujourd'hui les conséquences de nos fautes et de protéger franchement les Ovas dans l'œuvre de civilisation qu'ils ont commencée, et dans l'extension de leur autorité sur toute l'île. Nous ne devons peut-être point abandonner officiellement des droits qui sont imprescriptibles pour être toujours à même de nous opposer, en temps et lieu, à toute tentative d'invasion étrangère, mais je ne pense pas qu'il serait utile de coloniser ce pays dont nous n'avons pas voulu, lorsque nous n'avions qu'à nous présenter pour en devenir les maîtres.

Il n'y a pas à regretter, du reste, que Madagascar ne soit pas au nombre de nos colonies; je crois que cette île eût été pour nous une charge lourde et ne nous eût apporté, même dans l'avenir, aucune des compensations auxquelles on a droit de s'attendre en fondant des établissements dans un pays lointain. La race malgache proprement dite des côtes et des districts fertiles est trop insouciante, trop paresseuse, trop indépendante de caractère pour que nous en eussions jamais tiré parti. La race Ova est au contraire appelée dans l'état politique actuel à régénérer la face du pays; avec l'esprit de persévérance, de travail et d'économie qui la caractérise, elle réussira dans ces terrains ingrats d'où nous n'eussions pu rien tirer sans d'immenses dépenses qui n'eussent jamais été rémunératrices pour nous. Dans un pays si vaste et si peu peuplé, qu'eussent pu faire les quelques soldats et gouvernants que la métropole eût semés, çà et là, pour dompter l'incurie et la paresse des peuples soumis à la force de nos armes?

La race Ova, par son intelligence, par l'accroissement rapide de sa population, par son travail énergique, par son esprit d'économie, est certainement destinée à régénérer et à civiliser le pays. Avant peu de temps, je n'en doute pas, esclavage et corvée sont appelés à disparaître, et ce sera un grand bienfait.

Les esclaves d'Imérine sont une race laborieuse et sobre; depuis l'adoption générale des idées chrétiennes, ils connaissent leurs droits d'hommes, et le jour approche où il faudra compter avec eux. Le pays deviendra riche et prospère le jour où chacun travaillera pour son compte, le jour surtout où la corvée n'accablera plus pendant des mois, pour des œuvres inutiles, des milliers d'hommes, et où chacun entreprendra sans crainte des travaux qu'il saura pouvoir mener à bonne fin. Si la corvée avait été utilisée pour des œuvres d'utilité générale, telles que routes, canaux, etc., le mal ne serait pas grand, mais elle ne sert qu'à la construction des maisons que font élever la Reine et les Grands. Il serait bien préférable de remplacer cette corvée par un impôt en argent ou en nature, au gré et suivant les moyens du contribuable ; le Trésor pourrait alors commencer à payer les soldats et les officiers, et la concussion, la corruption, l'immixtion fâcheuse dans le commerce des principaux personnages de la Cour pourrait disparaître peu à peu. Il est à souhaiter que les gouvernements français et anglais unissent dès maintenant leurs efforts pour obtenir l'abolition de la corvée qui entraînerait peu après et sans secousse pour ce pays où l'esclave est réellement indépendant la suppression de l'esclavage.

Mais, au lieu de tendre à un but si philanthropique et si utile à la prospérité de Madagascar, la plupart des missionnaires anglais, obéissant peut-être à leurs intérêts privés, ne semblent pas faire tous leurs efforts pour arriver à une solution si désirable. Ils ont même fait ajouter à la corvée de la Reine la corvée de Dieu, que les Malgaches ont denommée la corvée des Anglais, *fanompoana angilisy*. Aujourd'hui en effet, depuis l'an dernier, les officiers Ovas exercent dans toute l'étendue de l'île qui est soumise à leur autorité une persécution religieuse déplorable. A l'esclavage du corps qui atteint quelques-uns des membres de la société malgache, est venu s'ajouter l'esclavage de l'âme, l'esclavage religieux qui atteint toute la population, et c'est à des Anglais, à des membres de l'église indépendante, cette église libérale pardessus toutes, qu'on a à reprocher d'être plus intolérants que les plus intolérants des inquisiteurs espagnols du moyen âge. Ces apôtres d'une religion toute d'amour et de liberté permettent qu'on pousse, la menace à la bouche, le fouet à la main, des populations entières dans les temples, où on ne devrait entendre que des paroles de charité et de pardon.

C'est bien en effet, monsieur le Ministre, la menace à la bouche, le fouet à la main, qu'on mène les Malgaches aux temples. Votre Excellence pourra en juger par quelques exemples pris entre mille.

Les traités conclus à Madagascar avec les Anglais et les Français ont stipulé la liberté des cultes. Cet article est violé tous les jours.

Sans remonter aux causes politiques et autres qui ont jeté le premier ministre et la reine dans le sein de l'église indépendante, qu'il me suffise de dire que tous les hauts personnages Ovas appartiennent à cette secte. La corruption avait fait à la nouvelle religion de nombreux prosélytes ; le chef de l'État a pensé devoir se jeter dans ce parti puissant pour en être la tête, et dès lors il a songé à créer une religion d'État. En effet, au jour peu éloigné où la Reine a été baptisée, il a été donné des ordres à tous les commandants des diverses provinces pour que chaque dimanche tout le peuple se réunît dans une maison d'assemblée spéciale où il devrait prier pour la Reine. Ce jour de dimanche, personne ne devait travailler, personne ne devait ni vendre, ni acheter même les objets les plus nécessaires à la vie. Par suite d'ordres venus de la capitale, les commandants ont sinon ouvertement menacé de peines sévères ceux qui manqueraient à cette loi, du moins, ils ont toujours trouvé des prétextes pour infliger des amendes et même des châtiments à ceux qui s'étaient abstenus de paraître au prêche.

Près de Tananarive, il y a eu durant mon séjour des *mpitory teny* ou prédicateurs malgaches qui ont poussé le fanatisme jusqu'à fouetter publiquement ceux des catholiques qui ne venaient pas assister à leurs prédications. Dans quelques autres villages, les plus dures corvées sont réservées à ces *gueux de catholiques*. J'ai vu aussi des villages entiers qui étaient venus chercher les pères pour recevoir l'instruction et le baptême et qui s'étaient de leur propre gré réunis pour construire des églises, être mandés chez les Grands du royaume et y être invités, sous peine de voir leurs chefs mis aux fers, à abandonner l'idolâtrie catholique.

Les luthériens norwégiens qui ont commencé à jeter racine dans le pays Betsiléo éprouvent des persécutions semblables qui les forceront sous peu à quitter le pays ; les ministres anglicans de la côte orientale peuvent aussi témoigner d'actes prouvant la violation journalière des traités. Les indépendants d'Imérine vont jusqu'à menacer l'évêque anglican qu'on veut nommer à Londres pour Madagascar d'un procès, s'il met les pieds dans ce pays, sous le fallacieux prétexte qu'il y a eu convention verbale entre l'évêque de Maurice et Ellis, qu'Imérine serait abandonné pour un certain temps aux indépendants et que les anglicans se confineraient momentanément à la côte est. Ils savent bien en effet, ces missionnaires indépendants, ce qui les attend si leur conduite était dévoilée par un homme du savoir et du caractère d'un évêque.

Disons, en terminant, un mot du commerce européen. Le commerce de la côte orientale a toujours eu une grande importance pour Maurice, Bourbon et les Seychelles. Les bœufs et le riz importés de Madagascar sont indispensables à ces colonies. En tant qu'articles de commerce direct pour l'Europe, on ne peut guère compter que le caoutchouc, les peaux de bœufs et le copal; la production du caoutchouc depuis deux ans prend un grand développement; son exploitation a été l'année dernière de plus de 250 tonneaux, d'une valeur de 1 million.

Avant peu, j'ai l'espérance de voir le commerce des bois libre, il y aura alors, surtout sur la côte nord-est, de grandes et avantageuses exploitations à faire.

Le commerce de la côte ouest est important; la quantité considérable de peaux de bœufs, d'orseille, de tortues, de pois du cap, d'ébène, de palissandre, de cire qui s'exportent et s'échangent contre des cotonnades, indiennes, faïence, poudre, etc., mérite d'être prise en considération; chaque année cette exportation s'augmente dans une proportion notable, et notre colonie de Nousibé qui, comme le montrent à Votre Excellence les statistiques annuelles, prend chaque jour une importance nouvelle, est appelée à un grand avenir.

Mayotte l'emporte au point de vue des plantations de canne à sucre, mais ses impôts ne suffisent pas à équilibrer son budget, tandis que si l'île de Nousibé était laissée à elle-même, elle se suffirait largement. On reproche dans cette colonie au gouvernement supérieur de ne pas prendre en considération cette différence de production et de ne pas même en instruire le ministère.

Je ne sais si Nousibé par son commerce, par ses distilleries qui donnent un revenu important à cause des Malgaches de la grande terre qui s'y approvisionnent, ne mériterait pas plutôt que Mayotte d'être le centre du Gouvernement, au cas où on ne voudrait pas mettre un commandant particulier relevant du ministère dans chacune de ces deux îles, ce qui serait peut-être préférable.

D'après l'exposé que je viens de faire sur l'île de Madagascar, si rapide qu'il soit, il est facile de voir que ce pays a un aspect physique et un sol bien différents de ce qu'on a écrit jusqu'à ce jour.

Ne voulant pas trop allonger ce rapport, je réserve les détails plus circonstanciés pour la monographie que je vais publier et pour laquelle je me propose de demander le patronage de Votre Excellence.

J'ai l'honneur d'être, monsieur le Ministre, de Votre Excellence, le très-humble et très-dévoué serviteur,

Alfred Grandidier.

www.ingramcontent.com/pod-product-compliance
Ingram Content Group UK Ltd.
Pitfield, Milton Keynes, MK11 3LW, UK
UKHW020513230726
13925UKWH00005B/2153

9 782013 670906